DIESES BUCH GEHÖRT:

....

Die Biene Maja

FRÖHLICHE GESCHICHTEN FÜR ERSTLESER

INHALT

FERDINAND

Das ist die Biene .

Majas bester Freund heißt .

 und  wohnen auf der großen Wiese. Dort wachsen bunte   und grüne  .

 und  spielen heute in

einem Apfelbaum.

Sie schaukeln auf einem großen .

Es geht immer hin und her.

 und  schaukeln höher und höher.

Plötzlich reißt der Apfelstiel. Der  fällt

auf einen  und bricht auseinander.

Aus dem  kriecht eine Made.

 und  fragen die Made nach

ihrem Namen.

Die kleine Made heißt Ferdinand.

Der  war Ferdinands Zuhause.

Doch jetzt ist sein Haus kaputt!

 und  wollen für Ferdinand einen

neuen  finden.

 fliegt von  zu  und klopft an.

Doch alle   sind schon bewohnt.

In jedem steckt eine andere Made.

Was sollen  und  bloß tun?

 hat eine Idee.

Sie setzen Ferdinand in ein .

Dann bringen  und  Ferdinand

zu Max. Max hat bestimmt noch Platz

für Ferdinand.

Max ist ein 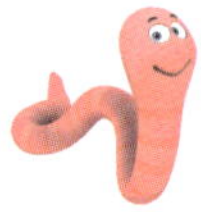. Er wohnt in einem Erdloch.

 erzählt Max von Ferdinands .

Max, der 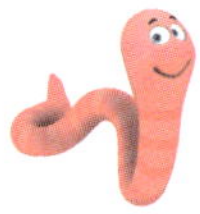, ist sehr nett zu Ferdinand.

Er bittet Ferdinand in sein Haus. Unter der

Erde fühlt sich ein 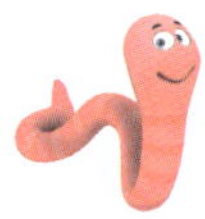 sehr wohl.

Hier wachsen sogar kleine 

und . Aber Ferdinand ist eine

Made. Dieses Haus gefällt ihm nicht.

Es riecht auch gar nicht lecker nach !

Jetzt hat  eine Idee! Er weiß, wo tolle Birnen wachsen. Vielleicht mögen kleine Maden Birnen. Ferdinand steigt wieder in sein .  und  fliegen ihn zu einem Birnbaum.

Doch Ferdinand mag nur  und keine Birnen. Ferdinand jammert und hat Hunger.

Aber was fressen Maden?

Vielleicht ,  oder  ?

Nein! Ferdinand will Apfelkerne. Also bringt  ihm viele Apfelkerne.

Endlich ist Ferdinand satt!

Jetzt kann er wie ein  kriechen.

 entdeckt, dass Ferdinand ein wenig gewachsen ist. So etwas hat sie schon einmal gesehen. Jetzt fällt es  ein:

Aus Ferdinand wird bald ein bunter  !

Es ist Abend geworden. Um Ferdinand

herum ist ein Schlafsack gewachsen.

 erzählt Ferdinand, wie gut  

fliegen können.

Und dass sie Nektar aus  

trinken. Genau wie  und .

Aber Ferdinand ist schon eingeschlafen.

Am nächsten Morgen schlüpft Ferdinand

aus seinem Schlafsack.

Ob  wohl Recht hatte? Erst fühlt sich

Ferdinand noch wie ein kleiner . Doch

dann lockt ihn der Duft von   an.

Aus der kleinen Made ist ein schöner  geworden.

Ferdinand faltet seine Flügel auseinander.

Vorsichtig fliegt er auf ein .

Jetzt hört er  und  rufen.

 und  holen Ferdinand zum Frühstück ab. Sie wollen ihm die   mit dem besten Nektar zeigen.

Zum Glück muss Ferdinand jetzt keine Apfelkerne mehr essen!

MEINE ERSTE WÖRTERLISTE

Wie heißt denn das?

 Maja |  Willi

 Apfel |  Äpfel

 Blatt |  Blätter

 Stein |  Kleeblätter

 Wurm |  Blumen

 Pilze |  Schmetterlinge

 Schmetterling

HAST DU'S DIR GEMERKT?

1. Weißt du noch, worauf Maja und Willi schaukeln?

a) Auf einem Apfel

b) Auf zwei Kirschen

c) Auf drei Birnen

2. Wie heißt die kleine Made?

a) Max

b) Adalbert

c) Ferdinand

Lösungen auf Seite 76/77

KEIN SCHLAF FÜR MAJA

Ein langer Tag geht zu Ende.

„Bin ich müde!“, sagt Maja und gähnt.

Die kleine Biene fliegt zu einer Blume. Maja kuschelt sich hinein und macht die Augen zu.

„Maja, Maja!“, hört sie plötzlich jemanden rufen.

Die Stimme kommt immer näher.

Als Maja die Augen öffnet, landet Willi gerade auf ihrer Blume.

„Kann ich bei dir schlafen?“, fragt Willi.

„Im Bienenstock ist es viel zu laut!“

„Na, klar!“, antwortet Maja.

Am nächsten Morgen fliegen Maja und Willi zum Bienenstock.

„Schneller, Maja!“, sagt Willi. „Heute gibt es frischen Honig zum Frühstück.“

Doch Maja macht schlapp und schläft unterwegs ein.

„Was ist denn los?“, wundert sich Willi.

„Das fragst du noch?“, sagt Maja.

„Du hast die ganze Nacht geschnarcht.

Ich habe kein Auge zugemacht.“

Maja und Willi erreichen den Bienenstock.

Doch was ist denn das?

Die meisten Bienen schlafen.

„Kriegen wir denn heute keinen frischen Honig?“, brummt Willi.

Biene Kassandra ruft die Bienen zur Ordnung: „Aufstehen! Die Arbeit muss gemacht werden. Ich habe wegen des Radaus auch nicht schlafen können. Jetzt geht es schon wieder los! Hört ihr es?“ Ein tosender Lärm dröhnt über die Wiese.

„Wir müssen herausfinden, woher der Krach kommt“, sagt Maja.

„Ich habe aber einen Riesenhunger“, jammert Willi. „Wollen wir vorher nicht etwas essen?“

„Essen können wir auch noch später“, entgegnet Maja. Sie folgen dem Lärm.

Maja und Willi kommen bei den Ameisen vorbei. Die Ameisen zersägen gerade Blumenstängel.

„Sag mal, Paul“, ruft Maja einer Ameise zu, „macht ihr etwa diesen Krach?“

„Nein, Maja! Wir sägen doch nur“, antwortet Paul.

Maja und Willi fliegen weiter. Bei Mistkäfer Kurt machen sie eine Pause.

„Der Krach kommt von da drüben“, sagt Kurt zu Maja.

„Danke, Kurt“, sagt Maja. „Gleich werden wir wissen, wer alle stört.“

In einem Blumenkelch entdeckt Maja

Johnny, die Grille.

Johnny trommelt und pfeift, so laut er kann.

„Hallo, Johnny!“, ruft Maja.

„Warum machst du so einen Krach?

Das ist ja kaum auszuhalten.“

„Ihr findet, ich mache Krach?“, sagt Johnny traurig. „Ich dachte, meine Musik gefällt euch.“

Jetzt hat Maja Mitleid mit Johnny. „Vielleicht brauchst du nur einen guten Lehrer“, sagt Maja.

Maja will Johnny helfen. Sie holt ihren Freund Flip. Flip ist auch eine Grille, genau wie Johnny. Aber Flip weiß, wie man schöne Musik macht.

„Kannst du Johnny Unterricht geben?“, fragt Maja Flip.

Nach ein paar Stunden trommelt Johnny schon wie ein Meister.

Seine Musik lockt ein Grillenmädchen an.

„Du machst also diese tolle Musik!“, sagt es begeistert.

Johnny hat noch nie ein so hübsches

Grillenmädchen gesehen.

„Ich gebe heute Abend ein Konzert“,

sagt Johnny zu dem Mädchen.

„Du bist herzlich eingeladen!“

Als es dunkel wird, versammeln sich

alle Tiere um Johnny.

Das Konzert beginnt.

Johnnys Musik klingt wunderbar.

Maja und ihre Freunde tanzen

im Takt dazu.

Auch das Grillenmädchen ist gekommen.

„Das nächste Stück spiele ich nur für dich“, sagt Johnny zum Grillenmädchen.

Die hübsche Grille lächelt.

„Und danach tanzen wir zusammen“, schlägt sie vor.

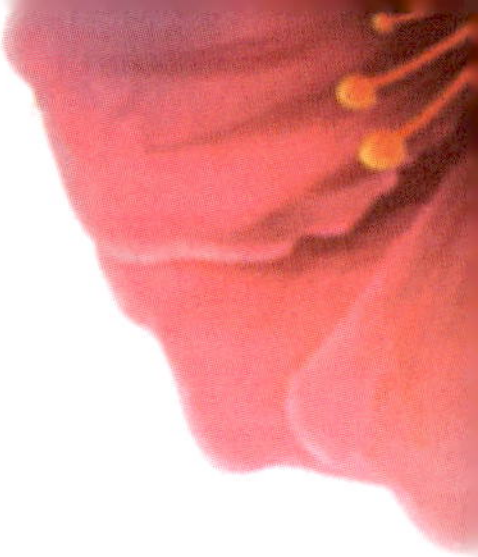

Nach dem Konzert gehen die

Tiere nach Hause.

In dieser Nacht bleibt alles ruhig.

Alle Bewohner der Wiese können

wieder in Ruhe schlafen.

Maja legt sich in ihre Blüte.

Das war ein schöner Tag, denkt sie.

Und schon ist sie eingeschlafen.

HAST DU'S DIR GEMERKT?

3. Warum können die Tiere in der Nacht nicht schlafen?

a) Weil es blitzt und donnert.

b) Weil jemand Lärm macht.

c) Weil der Mond zu hell leuchtet.

4. Was mag Willi am liebsten zum Frühstück?

a) Grüne Blätter

b) Klares Wasser

c) Frischen Honig

Lösungen auf Seite 76/77

5. Wem bringt Flip das Musizieren bei?

a) Paul

b) Johnny

c) Kurt

6. Wer möchte mit Johnny tanzen?

a) Ein Grillenmädchen

b) Maja

c) Die Ameisen

Lösungen auf Seite 76/77

WALTER SCHLEIMT SICH EIN

An einem schönen Sommertag fliegt Maja fröhlich über die Wiese.

„Nanu, was ist denn das?“, wundert sie sich.

„Wer hat denn vom Pilz so ein großes Stück abgebissen?“

Maja weiß, dass Schnecken Pilze mögen.

Aber Schnecke Rufus ist klein. Der könnte nie solch einen Riesenhappen futtern.

„Au Backe! Das war bestimmt ein Monster!“, hört Maja jemanden rufen. Maja entdeckt die Fliege Walter im Gras. Walter ist ein richtiger Schlauberger und weiß immer alles besser.

„Meinst du?“, fragt Maja erstaunt.

„Na, klar“, sagt Walter.

„Sieh dir nur mal seine monströse

Schleimspur an."

Maja folgt Walter. Willi, Rufus und die

Ameisen sind auch schon da.

„Das ist die Schleimspur einer großen

Schnecke", sagt Maja.

„Die Spur wird uns zu ihr führen."

„Es könnte aber auch die Schleimfalle

eines Monsters sein!“, ruft Walter.

Auf einmal endet die Spur.

„Komisch“, sagt Maja, „die Schnecke

kann sich doch nicht in Luft aufgelöst

haben.“

„Das Monster kann bestimmt fliegen“, mischt sich Walter wieder ein. „Es muss riesige Flügel haben und ganz scharfe Zähne! Aber Achtung! Das Monster riecht sofort, wenn jemand Angst hat.“

Paul zeichnet mit einem Stock das

Monster in den Sand.

„Ja, genau so“, sagt Walter.

„Mach die Krallen ruhig etwas länger, Paul.“

Willi bibbert vor Angst.

„Meinst du, das Monster will uns fressen?“, fragt Willi.

„Na klar, was sonst?“, antwortet Walter.

„Das ist doch Quatsch!“, sagt Maja.

„Nur Schnecken hinterlassen eine Schleimspur.“

Maja fliegt weiter. Sie will unbedingt die große Schnecke finden.

„Warte auf mich, Maja!“, ruft Willi.

Es ist Abend geworden.

Maja und Willi haben die Schnecke

immer noch nicht gefunden.

„Da muss sie sein“, sagt Maja.

Sie zeigt auf eine frische Schleimspur.

„Ich bin müde“, jammert Willi.

Plötzlich hören Maja und Willi ein paar

Blätter rascheln.

„Was war das für ein Geräusch?“, ruft Willi.

„Ob es das Monster ist?“

Jetzt fürchtet sich auch Maja ein wenig.

Die zwei sehen hoch.

Ein großes Schneckengesicht blickt zu Maja und Willi herunter.

Dann hören sie jemanden rufen:

„Maja! Willi! Habt keine Angst!"

Diese Stimme kennt Maja.

Es ist ihr Freund, Flip.

„Darf ich vorstellen? Das ist Schlurf“, sagt Flip. „Schlurf ist sehr schüchtern.“ Die Schnecke lächelt freundlich.

„Schlurf ist eine Nacktschnecke“, erklärt Flip, „Nacktschnecken sind gar nicht gefährlich. Der Duft von Pilzen ist für sie aber sehr verlockend.“

Inzwischen haben Walter und die Ameisen einen Plan geschmiedet. Sie wollen das Monster mit einem Katapult bekämpfen. Am nächsten Morgen übernimmt Walter das Kommando.

„Maja und Willi sind verschwunden“, sagt er. „Vielleicht hat das Monster sie geschnappt.“

„Deshalb schnappen wir uns das Monster. Wir werden Maja und Willi befreien. Auf geht's!"

Die Ameisen machen sich am Katapult zu schaffen. Und plötzlich fliegt Walter in hohem Bogen durch die Luft.

PLATSCH! Er landet mitten in einer saftigen Himbeere.

„Hilfe! Rettet mich!“, ruft Walter.

Da kommt Schlurf angekrochen.

Er reißt den Mund auf, dann schnappt er sich Walter. Der zappelt wie wild.

Die anderen sehen erschrocken zu.

Will Schlurf Walter etwa essen?

Nein! Schlurf stellt Walter vorsichtig auf dem Boden ab.

Jetzt muss auch Walter zugeben, dass Schlurf kein gefährliches Monster ist.

Schlurf ist einfach nur eine sehr große Nacktschnecke!

HAST DU'S DIR GEMERKT?

7. Was wurde auf der Wiese angeknabbert?

a) Pilze

b) Grashalme

c) Blütenblätter

8. Welche Tiere hinterlassen Schleimspuren?

a) Bienen

b) Schnecken

c) Ameisen

Lösungen auf Seite 76/77

9. Was besitzen Nacktschnecken?

a) Fühler

b) Ein Haus

c) Beine

10. Woraus muss Schlurf Walter befreien?

a) Aus dem Bienenstock

b) Aus Theklas Spinnennetz

c) Aus einer Himbeere

Lösungen auf Seite 76/77

LÖSUNGEN

1. a) Auf einem Apfel

2. c) Ferdinand

3. b) Weil jemand Lärm macht.

4. c) Frischen Honig

5. b) Johnny

6. a) Ein Grillenmädchen

7. a) Pilze

8. b) Schnecken

9. a) Fühler

10. c) Aus einer Himbeere